Fenomenología

de la ternura

Clara Millán

en el mar
editorial

Primera edición: septiembre, 2025

© Texto: Clara Millán

© Diseño cubiertas: Celia López Bacete

© Ilustración cubiertas: Pandora (ca. 1914), Odilon Redon (Francia, 1840–1916)

Maquetación y diseño interior: Lara Losada

ISBN-13: 978-84-10204-11-9

Depósito legal: D.L. TO 265-2025

Unable are the Loved to die
For Love is Immortality,
Nay, it is Deity—

Unable they that love—to die
For Love reforms Vitality
Into Divinity.

EMILY DICKINSON

Holy forgiveness! mercy! charity! faith! Holy! Ours! bodies! suffering!
magnanimity!
Holy the supernatural extra brilliant intelligent kindness of the
soul!

ALLEN GINSBERG

CANTO PRIMERO

Maitines o la primera miel

I

nací para dar el beso

para escribir el poema

para apaciguar al animal triste

si no me fuese permitido querer como quiero

para qué todo

II

hace rato le quité poder a la verdad
y se lo puse al deseo
perdoname
sabés que es la primera vez que estoy viviendo

todo parece tan difícil
y sin embargo es tan simple:
te veo venir y las luces de las calles se iluminan
entre las rayitas del asfalto nace una *nomeolvides*
la miel se cosecha, las mesas se llenan
decís *sol*, y me alegro
decís *nubes*, y me calmo:
una palabra tuya bastará para sanarme

III

te cuento sobre una tarde de sol

comiendo rodajas de sandía en la playa

la piel brillante, el pelo mojado

la fuerza con la que corría,

la paciencia con la que leía y besaba

te cuento sobre calesitas, castillos inflables,

jugos en la plaza, fiestas de verano,

bocas pintadas en los bordes de los vasos

te cuento con una voz apagada,

con los huesos apenados,

el peso de una vida en las rodillas

y la mente cansada de pensar en la muerte, o en el olvido

cada vez con más frecuencia

pero te cuento y las circunstancias desaparecen

no hay principio o fin de la vida

solo hay amor o ausencia

te cuento sobre la ternura, y soy joven

mi abuela cuenta sobre su primer beso y vuelve el color a

                                        sus mejillas

tenemos entonces la misma edad

medida de tiempo unívoca:
solo cuando un corazón deja de desear
deja de existir

IV

yo le escribo a una caricia

Homero y Virgilio escribieron las más grandes historias

pero no sintieron esa caricia, su ternura

todo existe por su gracia

los objetos se vuelven reliquias

la caricia dijo: *hágase la dulzura*, y la dulzura nació

me das un nombre y vuelvo a ser parte del lenguaje

V

mis huesos se escarchan con los días

duelen, lloran como niños pidiéndote

vos frotás mi brazo con el tuyo

hasta que se cumple un deseo:

el de un cuerpo cálido,

un hogar tranquilo,

un amor a tiempo

                              nuevas leyes de la materia

hacés nido en mi pecho

y ya no hay más ruido en el mundo

que permanezca, pedimos,

que sea posible, tan solo,

retener las cosas suaves:

esta primera luz en la cama,

la lluvia ligera,

el viento moviendo las flores

VI

lo importante es querer: esa es mi misa, mi oración

te quiero, cielo

te quiero, lluvia

te quiero, mar

quiero la justicia, el pan, la poesía de todos

quiero la belleza de las cosas

quiero delicadamente, muy despacio

— como si así todo se pudiera retener —

y cuando me vaya podrán decir que fue en paz

porque el mundo me dejó amar

mamá, papá, Dios: alguien me quiso,

la ternura fue posible, las flores existieron

VII

te dejo acá:

en el centro del poema,

rodeado de los explosivos

y los artificios del lenguaje,

las estrellas flotando en los bordes,

amapolas y lirios creciendo sobre las palabras,

tiernos animales posándose sobre los puntos

estás dentro de un poema porque alguien te ama

estás afuera de la Poesía cuando nadie piensa en vos

VIII

creer en la dulzura me dio un hogar

era huérfana, el viento me tiraba cada dos pasos

vivía en la tierra, las heridas nunca suturaban

pero tuve fe en la bondad

y el mar del dolor se abrió en dos

pasé entre las aguas, los peces me besaban los pies

las flores me hablaban

y me agradecían por seguir queriendo

en este mundo

resisto

atrincherada en la ternura

IX

todas las hadas revolotean en los pliegues de tus ojos

me miran, me tocan el pelo, me acarician las manos

me mueven a un lado, al otro

tratan de estirarme la sonrisa

me conjugan a voluntad de tus ojos

en verbos jamás tocados

cuelgan de pestañas doradas

son hadas preciosas,

juegan conmigo en tu país hipnótico

se ríen con burbujitas de luz

me miran mirándote

sus alas bañan todo con un sonido primitivo

yo les causo ternura

soy un deseo atrapado entre paréntesis

X

un poema a vos es mi propia galería de intertextualidades
mi corpus es el deseo
esfuerzo una fenomenología de la ternura

un poema a vos porque leo para amar
y escribir no es más que reescribir lo leído
hacia el vacío

yo no sabía para qué servía todo lo que aprendía
en mi afán desesperado por regocijarme en el placer de
                                                  un texto
creo que solo buscaba formas colores trazos grafías
que ya hubieran esbozado algo de lo que siento

cuando leí mitologías, biblias,
folclore celta y germánico,
las hadas, los espíritus del agua
solo pensé que eran grandes imágenes que yo deseaba
                            fuesen un mapa una antropología
una historiografía de lo Maravilloso

que llegó desde los albores de la humanidad hasta

nosotros dos

tiene que estar relacionado con nosotros dos

¿qué otra razón hay para que algo exista?

cuando leí a Ernaux supe que ella ya lo había dicho

—la fantasía tonta de la originalidad—

 la utilización que yo hacía de las obras de arte era

únicamente pasional

cuando leí etimologías

cuando leí que los museos son templos a las musas

pensé que mi poema sobre vos es mi museo

para guardarte, para preservarte, para pasarte al resto de la

humanidad

amor es esto:

el furor de la inspiración sagrada,

mi naturaleza viciosa,

la historia de las flores,

las ruinas romanas,

los himnos y los gestos,

el crepitar de un fuego,

el perfume de la lluvia,

arropar un cuerpo dormido,

mi vida entera por ver tu reflejo en el agua

y en todos los libros

XI

me gusta poner la mesa:
signo de comer acompañada,
altar y ofrenda

derrito la semántica en manteca; corto los fonemas como
      rodajas de papa; acomodo la sintaxis a la imagen de
            galletitas en una fuente

me gusta trabajar el pan y el lenguaje,
perder la línea que los diferencia
me digo que ambas cosas solo se sustentan en el deseo de
            civilizaciones
y en este quererte tanto

me gusta escribir desde la boca del estómago
leche, afectos, miel, ternura, uvas, cariño
«poemas, patatas»[1]
amor, ¿comés bien? ¿tenés hambre? —escucho la voz de

---

[1] *Poems, potatoes*, Sylvia Plath.

mi abuela sobre mí, mi voz sobre vos—
la primera vez que Werther ve a Carlota ella está cortando
rebanadas de pan. se le rompe el corazón cuando la ve
compartir una naranja con otro

me importan los ritos
descascarar la fruta, hundir los dedos
elegir los mejores tomates, batir hasta que no haya
grumos, prender la hornalla en cuanto despierto
hay un árbol que nos puede dar una sombra cálida como
la del poema para desayunar tranquilos en verano

para Margaret Mead el primer signo de
civilización fue un fémur curado
para mi debe haber sido la primera comida
compartida, un cuerpo junto al otro

XII

yo ya no esperaba bondad del mundo

y sin embargo sé dónde estás antes de abrir los ojos

dejamos caer cada uno de nuestros huesos dóciles

hasta que el frío del invierno cede al calor

y mi cara presta su braille

diseñado solo para que lo entiendan tus dedos,

expertos en la lingüística de la ternura

yo entregada al sol de tu mano

con la mía no puedo ya hacer más nada:

estoy parada sobre el grado cero de la escritura

agazapada como un animal herido sobre las esquinas de

poemas muy pobres

pertenecés al campo semántico de las flores, los tréboles y

la miel

necesito ahora una nueva gramática

XIII

las estaciones pasarán
los civilizaciones morirán y nacerán
el agua cubrirá las piedras

pero yo sé
siempre habrá un corazón esperanzado
que podrá leer estas líneas
y sonreír con los ojos cerrados

a ellos les haré un lugarcito entre las palabras

cien, doscientos, trescientos años
nos unirán los afectos
nos prometieron querernos para siempre
viviremos en los poemas de amor

XIV

en mí está el santuario

pedime tus deseos

ofrendame tus flores

y tus sacrificios

cantame las canciones

y escribime las odas

a cambio de tu entrega,

yo —con una voz débil, casi un susurro—

perfumaré tus ojos

y leeré la profecía:

te querré para siempre

XV

¿no sabías que mi novio es Rodrigo Diaz de Vivar?

lo juro, él es tan atento

me regala unas pieles increíbles y unos peces muy

románticos

ahí iba yo, mi nombre escrito en ese papelito

que llevaba en su bota

el día que visitamos Valencia

y nos besamos por diez siglos arriba de ese caballo

su nombre por siempre tatuado en mis labios

hace unos tristes ocho siglos salía con Dante

besaba con gusto a flores mojadas

y preparaba unas coronas preciosas en nuestro aniversarios

nos encantaba tomar helado aquel verano

éramos dos niños con olor a vainilla

tocábamos formas de fe que yo no reconocía

pero los besos más tiernos los daba Juana,

ella salvó mi alma con palabras
por las noches me susurraba oraciones
que guardé con mucho cuidado en mis huesos
ella era más cálida que el fuego, más tierna que Dios
a veces cierro los ojos y acaricio mis propias manos

como invocada, la melodía débil de su voz me recuerda
que todo estará bien
que tengo un hogar, sí, con ella
allá, en el mundo de las cenizas
y las experiencias del deseo común

¡ah!

duermo siempre con mis novios literarios
algunos escriben, otros son escritos
yo soy una chica muy romántica
y ellos no son nada celosos

cada noche me esperan apilados sobre la mesita de luz
diciéndome en un coro de voces: *que descanses, amor*

que sueñes conmigo

XVI

siento la sal pegada a mi vientre

y los pequeños charcos de agua que se forman

en los huecos de mi cuerpo

regalándome todos mis poemas

el mar está lleno de personas que amaron demasiado

CANTO SEGUNDO

Vísperas o la primera acritud

I

no quiero escribir

esta noche no

no quiero venir corriendo a decir su nombre

para preservarlo en el lenguaje

como si fuera evidencia de algo, como si no fuera un

golpe inútil

por favor, palabras, suéltenme la mano

no me arrastren más

este lenguaje ya no me pertenece

las formas escritas no son lo que yo vi

está todo en el orden equivocado

no reconozco este idioma

no me lleves, poesía, por favor

hay lugares a los que no podés llegar

dejámelos, son míos

hay cosas que me pertenecen
no podés apartarlas de mí
lo sé, te quedan lindas
pero quisiera que esto quedara
entre yo y yo

por favor, poesía
quisiera algún día dar un beso
sin pensar en cómo escribirlo
por favor, poesía, hacé algo sin mí
dejáme sola al menos hoy

quisiera decir que «la poesía es un escape de la emoción»[2]

                                    y creerlo

quisiera hacer unas pocas líneas que no sean
confesionales
apenas un poema que no me duela leer

---

[2] *Tradition and the individual talent*, T.S. Eliot

II

el amor apenas consuela
es un pan caliente, pequeño, como estas palabras
que apenas calma los estómagos por un rato
mientras la tristeza va golpeando las puertas
mientras seco al sol mi patria húmeda de lágrimas

ya no sé si hablar o cerrar con fuerza los ojos
ya no puedo oír más voces crueles
¿dónde quedaron los signos alegres?
¿quién los escondió?

quizás un tiempo mejor traiga un poema mejor
hoy hay pocas palabras, intento que armen un refugio
                                    pero cae de un soplido
hay tanta gente soplando las letras
trato de abrazarlas, lloro desesperada
no se las lleven, por favor

hoy no hay ya nada
más que una fe

pequeña como un gorrión

como la ternura en este mundo

así de poca

así la aprieto en mi puño

nadie podrá arrancarla de mí

III

cuando entristezco mi corazón se achica,

mis vísceras se apenan,

y la sangre ralentiza su flujo

piedras ocre se posan en mi estómago,

las manos pierden su fuerza

y la mirada se oscurece

mi cuerpo se subordina a mi alegría o mi dolor

sigue el mapa que trazan los besos o los golpes

se abre y se cierra al tempo de las flores

con una palabra cruel se quiebran mis huesos

con una caricia vuelven a su lugar

IV

no quiero escribir tristezas, dolores, violencias

no quiero ya más sombras y fríos

no en mis manos

no en mis palabras

quiero hablar de árboles perfumados

ramos de pájaros coloridos

el sonido de las nubes desplazándose

la ternura resistente de las cosas

la pequeña liebre medieval, eternamente cazada, duerme

tranquila sobre estas páginas

V

me va a salvar la literatura

me van a salvar los textos bíblicos

y Homero, Virgilio, Dante

y Shakespeare, Goethe, Ariosto

y Borges, Saer, Ocampo

y Dickinson, Yeats, Williams

y Plath, Sexton, Carver

y Moore, Carson, Levertov

me va a salvar la literatura

construiré un hogar en ella:

siempre una fidelidad,

siempre una seguridad,

siempre una fantasía

VI

escribo flores contra las máquinas

escribo flores contra la hostilidad

escribo flores contra el estallido

escribo flores contra las bombas

escribo flores contra el hambre

quien quiera puede tomarlas

brillantes, perfumadas, sustraídas del paisaje romántico

olerlas con los dedos apoyados en las palabras

y poner una sábana sobre las espinas

VII

el poema siempre dice lo que quiere decir y algo más
por eso aunque solo alcance a decir *amor*
espero que vos entiendas *rayos de sol entrando por una ventana*
mariposas abriéndose paso entre los labios que te nombran
un viento suave y tierno peinando los pétalos de las flores

el poema siempre alcanza a decirte *amor*
no por la intención de nombrarte
sino con la ilusión de invocarte
a vos, a la orquesta de todas las aves bellas del mundo
darle cita a la belleza
apenas acariciarla

quiero decir
opero todas estas palabras
solo por la posibilidad de verte, sonriéndome

que, tan solo por un rato,
calle el miedo a las luces apagadas
y a las oraciones crueles

VIII

el corte en la rodilla que me hice corriendo hacia unos

brazos

las quemaduras en la mano por hornear galletitas
las marcas en el estómago por estar horas sentada con el

mismo libro

los dedos carcomidos por la impaciencia de lo que quiero
el dolor de cuello por no mover a mi gata, dormida sobre

mí

el deseo de una espada atravesando mi corazón por amor
o de una vida entera cargada sobre mi vientre

mi cuerpo ama por sacrificio

IX

¿la miel de una abeja, o el polen de una flor?

¿sentís el perfume de los colores?

¿cuánto tiempo lleva crear un edén?

¿qué animal te hace llorar?

¿el amor es comida o hambre?

¿creés en los signos lingüísticos de la naturaleza?

contame cada rincón del mundo mental

ayudame a colocar mi fe

la existencia de personas como vos inventó la poesía

quiero decir

me aterra pensar en irme

sin haber ralentizado lo suficiente

el movimiento del siglo

en favor de la lentitud que lleva

contar cada uno de tus lunares y pestañas

acolchonando mis pensamientos

X

quisiera ser una chica talentosa
una de esas que sabe escribirle poemas a la nieve caída en
                                              las montañas,
a las campanas trémulas de la tarde,
al ruiseñor o al cisne o al cuervo
pintar grandes imágenes
unir palabras en un telar dorado selvático

sin embargo no puedo evitar las grandes confesiones
los subrayados predeterminados
los artificios y los colores estridentes
será porque no soy una escritora sino una lectora
—una obsesiva, frenética, acumuladora—
porque me enseñaron Madame Bovary
y solo escuché amor y deseo

no toda educación poética es educación sentimental

CANTO TERCERO

Parusía o poema de la polifonía divina

I

te cuento, un poco riéndome,
que me gusta leer testimonios sobre santos y sus reliquias
que me devuelven algo tan perdido como la infancia

[la posibilidad de venerar un objeto solo por la mano que
                                                    lo tocó;
la posibilidad de salvar a los demás —de curarlos— aun
                                            estando ya muerta;
la posibilidad de aliviar la pena del mundo;
la posibilidad de que alguien crea tanto en mí]

también te reís, mi santo patrono del amor
no sabés que conservo cada cosa que labraste con tu
                                            toque de gracia

todo lo que me diste es todo lo que me cura:
tus cartas, que protegen del hambre

tus labios, que espantan la muerte

tu espada, que un día toqué y llenó de miel las heridas

justo a mí, que me especializo en la domesticación de los

                                poemas

que transformo las maravillas más increíbles en tiernos y

                risueños animales mansos, huérfanos de poder

que atrapo al gran amante en este pequeño establo

                             medieval

a mí me fue concedida esta gracia

¡qué error celestial!

son así convertidos los milagros

en pequeñas anécdotas románticas

que Dios perdone a una chica enamorada

II

dejé la hoja marcada

justo donde decía:

> *1.   Si yo hablase lenguas humanas y angélicas, y no tengo
> amor, vengo a ser como metal que resuena, o címbalo que
> retiñe.*
> *2.   Y si tuviese profecía, y entendiese todos los misterios y toda
> ciencia, y si tuviese toda la fe, de tal manera que trasladase
> los montes, y no tengo amor, nada soy.*
> *3.   Y si repartiese todos mis bienes para dar de comer a los
> pobres, y si entregase mi cuerpo para ser quemado, y no
> tengo amor, de nada me sirve.[3]*

vuelvo a esa marca todas las noches

cada tanto le compro un señalador nuevo

algunos días muy dulces o muy tristes me abro paso en

                                          las líneas

tomo la distancia necesaria para el salto, y entro cabeza

                                          primero

algunas comas y tildes pueden pinchar un poco

---

[3] CORINTIOS 13:1-7

pero por lo demás uno flota, como un cuerpo pequeño

en el mar

es algo así como la catábasis

el descenso al conocimiento

el estado natural de la poesía

sí, un día voy a morir acostada sobre la segunda o la

tercera oración

¿a esto se refería Barthes por el placer del texto?

otra vez más pongo literatura dios amor en el mismo

orden de cosas

III

uso mis dedos para marcar tus párpados como montañas

tus labios como olas saladas

tu pelo como rayos de sol cayendo despacio en una tierra

perdida

tu pecho como el hueco de un árbol esperando un ave

que lo elija

tus brazos como nubes aterciopeladas y espumosas

que me sostienen de principio a fin, mientras te dibujo

muy despacio

te trazo a imagen y semejanza

y creo que Dios se acordó de mí

tu estampita por siempre en mi bolsillo

IV

quiero escribir un poema

que su título sea

sobre las vidas de los mártires o la cobardía de la muerte enfrentada

a la ternura de una escritura santa y compartida

o algo así

solo para decir que

ninguna espada atraviesa con la fuerza de un nombre

dicho con amor

V

un día viviré con las flores
y creceré entre ellas

alguien visitará mi tumba
y me dirá:
sit tibi terra levis

yo, horizontal, pensaré:
la tierra es tan leve conmigo
aun cuando fue solo un momento
aun cuando solo fue él
ejecutando el primer contacto con mi cuerpo
al menos por ese refugio
por esa esperanza convertida en hogar
a fuerza de poemas

lo leve me dio un lugar en el mundo
esa es mi cruz

VI

amar es traducir
poner otro lenguaje en el cuerpo propio
hacerle un hueco: acunarlo, abrigarlo
desanudarlo lentamente, como a una trenza

desear es comprender los límites del lenguaje
las imposibilidades de las palabras

querer es saber que los libros son inútiles
los diccionarios también

la única forma de traducir, de amar
y de romper la maldición de Babel:

inspirar la ternura de la otra lengua
hasta que exploten los ojos

VII

nunca diferencié los deseos carnales de los celestiales

mi devoción está en la comunión

este es tu cuerpo, esta tu sangre

lo como, la bebo

entre en mí tu gracia divina

esta confusión infantil entre amor y comida

estas flores alojadas en el tuétano de los huesos,

                              acariciadas por tu sangre

corto rebanadas de tu eucaristía

para tostarlas y comerlas por la mañana

tus dientes como caramelos en mi boca

que mastica por horas cualquier resto de cariño

que roe para quitar hasta la última gota de dulzura

de tu cuerpo, fuerte y terso, a veces difícil de cortar

resistente a mis afectos viscerales

VIII

decime que pensás en mí

que soy la chica de tus sueños

que aparezco en todos tus cuentos de hadas

que me hospedo en tu masa encefálica

decime que voy a vivir ahí siempre

después de viva, después de muerta

en tus huesos carcomidos

estaré pensada por siempre

IX

un día se quemará este poema y todos los poemas

y las guerras entonces serán irreconciliables

y perderemos lento tan lento las palabras tiernas y luego

      todas y del lenguaje no quedará más que un sonido

   largado en el último suspiro de un cuerpo que se despide

cuando no quede nada es decir cuando no quede lenguaje

    solo entonces el amor se alzara como ruiseñor último

volará sobre nuestras cabezas sobre el volcán y las tierras

                      áridas e infértiles

diremos adiós, ruiseñor amor

el fuego perderá su luz

moriremos entonces bajo el ruido de sus alas alejándose

X

escribo tu nombre en cada cuenta del rosario

el canto de los ángeles comienza a aparecer

se acercan cada vez más, para acariciarme

para trenzar mi pelo

para susurrarme en otro idioma

que me salvaré cuando el mundo acabe

me río, toco las mejillas de esos pequeños niños antes de

que se alejen de mí

los bellos ángeles cantan:

entrarás al cielo, atrapado el credo en tu boca

los pájaros perdidos traerán la corona: serás, por fin, pureza

ya los oigo hoy, este domingo

pájaros sin nombre bailando sobre el sol de esta tarde

aún feliz y aún viva, los oigo hoy

los saludo y me sonrojo

ah, qué preciosos son

me parecen tan tiernos

que terminaré este poema acá:

la dulzura de los seres me reconcilia con los finales
desde que amo no temo morir